¿Quién fue
Paul Revere?

¿Quién fue
Paul Revere?

Roberta Edwards

Ilustraciones de John O'Brien

loqueleo

SANTILLANA USA

Para mi hija Tess.

J.O.

loqueleo

Título original: *Who Was Paul Revere?*
© Del texto: 2011, Penguin Group (USA) Inc.
© De las ilustraciones: 2011, John O'Brien
© De la ilustración de portada: 2011, Nancy Harrison
Todos los derechos reservados.

Publicado en español con la autorización de Grosset & Dunlap,
una división de Penguin Group.

© De esta edición:
2015, Santillana USA Publishing Company, Inc.
2023 NW 84th Avenue
Miami, FL 33122, USA
www.santillanausa.com

Dirección editorial: Isabel C. Mendoza
Cuidado de la edición: Ana I. Antón
Coordinación de montaje: Claudia Baca
Servicios editoriales de traducción por Cambridge BrickHouse, Inc.
www.cambridgebh.com

Loqueleo es un sello de **Santillana**. Estas son sus sedes:
ARGENTINA, BOLIVIA, BRASIL, CHILE, COLOMBIA, COSTA RICA, ECUADOR, EL SALVADOR,
ESPAÑA, ESTADOS UNIDOS, GUATEMALA, MÉXICO, PANAMÁ, PARAGUAY, PERÚ, PORTUGAL,
PUERTO RICO, REPÚBLICA DOMINICANA, URUGUAY Y VENEZUELA.

¿Quién fue Paul Revere?
ISBN: 978-1-631-13427-2

Published in the United States of America
Printed by Thomson-Shore, Inc.

20 19 18 17 16 15   1 2 3 4 5 6 7 8 9 10

Índice

¿Quién fue Paul Revere?

Paul Revere era un niño inteligente. También era un niño al que le gustaba tener dinero en su bolsillo. A los quince años, se le ocurrió una buena idea para un negocio.

Cerca de la casa de su familia en Boston, Massachusetts, se encontraba la iglesia Old North. A esta iglesia también se le conocía como Eight Bell, por sus ocho enormes campanas de latón. La campana más pequeña pesaba más de seiscientas libras. La más grande, más de mil quinientas libras. Los campaneros tiraban de las cuerdas de las campanas para hacerlas sonar. Cada campana emitía un sonido diferente; todas juntas, emitían un sonido hermoso. Hasta el día de hoy, se las considera las mejores campanas de Boston.

Las campanas no solo se tocaban los domingos por la mañana. También se tocaban si había un incendio. Cuando una persona fallecía, se tocaban tantas veces como el número de años del fallecido. Las campanas se tocaban por diferentes motivos.

Paul pensó que la iglesia tal vez necesitaba más campaneros. Y tenía razón. La iglesia aceptó pagarles a Paul y a seis de sus amigos tres chelines por semana por sus servicios. Los chelines eran monedas británicas hechas de plata. En esa época, todos los habitantes de Massachusetts utilizaban dinero británico. Esto era así porque la colonia pertenecía a Gran Bretaña. Era una de las trece colonias británicas en Norteamérica.

Paul quería asegurarse de que todos los compañeros trabajaran de forma equitativa. Por eso hizo un contrato que describía las tareas que los niños tenían que desempeñar. Decía que cada tres meses un niño diferente se encargaría de repartir el dinero. Podían sumarse nuevos miembros si todos los miembros del grupo lo aprobaban. Paul

también escribió que ningún miembro mendigaría ("begg") dinero. Los miembros del grupo de campaneros *trabajaban* para ganar dinero.

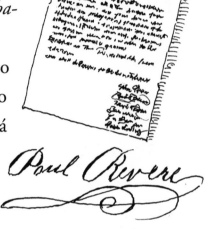

Hoy en día, el contrato se encuentra en el museo de la iglesia *Old North*. Está escrito con esmero. La caligrafía de Paul es bastante elaborada.

El contrato dice mucho sobre Paul Revere. Era un niño que creía en la justicia y no le interesaba ser el jefe. Los niños se turnaban para manejar el dinero. El grupo, no solo Paul, tomaba las decisiones. Esta era una idea importante para la época, especialmente en Boston. A muchas personas les molestaba que el rey de Inglaterra tuviera tanto poder. ¿Por qué un hombre debería controlar a miles de personas que vivían a tanta distancia, en las trece colonias?

Tocar campanas era el negocio ideal para Paul Revere. En el siglo XVIII, los teléfonos, la televisión y las computadoras estaban a años de distancia. El toque de campanas indicaba noticias importantes. Los habitantes de Boston iban masivamente a las iglesias para averiguar qué estaba sucediendo.

A Paul le gustaba estar en el centro de la escena. Y durante toda su vida, generalmente se le podía encontrar allí. Hacia la década de 1770, muchos colonos norteamericanos estaban preparados para independizarse de Inglaterra y comenzar un nuevo país. Paul Revere era uno de ellos. No fue uno de los líderes de la Guerra de Independencia de Estados Unidos, como George Washington o John Adams, pero difundió la noticia sobre la Guerra.

En cierta forma, tocó las campanas toda su vida.

LA ORTOGRAFÍA EN EL SIGLO XVIII

CUANDO PAUL REVERE REDACTÓ EL CONTRATO PARA LA ACTIVIDAD DE TOCAR LAS CAMPANAS, LA ORTOGRAFÍA NO ERA LA MISMA QUE HOY EN DÍA. EN EL SIGLO XVIII UNA PALABRA PODÍA ESCRIBIRSE CON UNA CONSONANTE DUPLICADA AL FINAL, COMO EN "BEGG", Y NO ERA UN ERROR. NO HABÍA REGLAS DE ORTOGRAFÍA ESTANDARIZADAS COMO EN LA ACTUALIDAD. DE HECHO, EL PRIMER DICCIONARIO DE ESTADOS UNIDOS, ESCRITO POR NOAH WEBSTER, NO SE PUBLICÓ HASTA 1806.

NOAH WEBSTER

WEBSTER TRABAJÓ DURANTE VEINTE AÑOS EN LA PRIMERA EDICIÓN DE SU DICCIONARIO.

ESTE DICCIONARIO TENÍA LISTAS SOBRE LA ORTOGRAFÍA DE LAS PALABRAS Y SU SIGNIFICADO. WEBSTER QUERÍA SIMPLIFICAR LA ORTOGRAFÍA.

WEBSTER TAMBIÉN QUERÍA QUE LA ORTOGRAFÍA ESTADOUNIDENSE SE DIFERENCIARA DE LA BRITÁNICA. DESPUÉS DE TODO, ESTADOS UNIDOS YA NO FORMABA PARTE DE INGLATERRA. ENTONCES, ¿POR QUÉ DEBÍAN RESPETARSE LAS REGLAS DE ORTOGRAFÍA BRITÁNICAS? WEBSTER ELIMINÓ LA LETRA *K* AL FINAL DE PALABRAS COMO *PUBLIC* [PÚBLICO]. EN PALABRAS COMO *HUMOUR* [HUMOR] Y *HONOUR* [HONOR], EL *-OU* FUE REDUCIDO A *-O*, POR LO QUE EMPEZARON A ESCRIBIRSE DE OTRA MANERA (*HUMOR* Y *HONOR*). MUCHAS DE LAS REGLAS DE ORTOGRAFÍA CREADAS POR WEBSTER TODAVÍA SIGUEN VIGENTES, PERO OTRAS NO. ÉL PENSABA QUE LA PALABRA *TONGUE* [LENGUA] DEBÍA ESCRIBIRSE "TUNG" Y QUE *WOMEN* [MUJERES] DEBÍA DELETREARSE "WIMMIN".

Capítulo 1
El chico de Boston

Paul Revere nació en Boston la última semana de 1734. Fue el primer hijo varón de la familia. Su hermana mayor, Deborah, le llevaba casi tres años.

Su madre, que también se llamaba Deborah, era de Boston. Su familia había llegado a Norteamérica hacía unos cien años. Después del nacimiento de Paul, Deborah tuvo otros siete hijos, pero dos de ellos murieron cuando aún eran bebés.

El padre de Paul era francés. Su nombre era Apollos Rivoire. Cuando tenía apenas trece años, llegó a las colonias de Norteamérica por sí solo. La familia de Apollos lo envió, esperando que tuviera una vida mejor que la que podía tener en Francia. Su barco llegó a Boston, que se convirtió en su nuevo hogar. Cuando llegó apenas sabía alguna palabra en inglés.

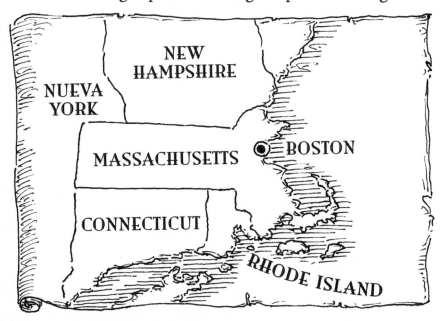

Pero pronto el padre de Paul aprendió un oficio.
Se convirtió en orfebre, en uno realmente bueno.
Con el paso del tiempo, el padre de Paul abrió su
propio negocio. Hacía algunas cosas
muy hermosas. Dos pequeños boto-
nes de oro con un hermoso diseño de flor
mostraban su habilidad y talento.

Debido a que a muchas personas les resultaba difícil pronunciar su nombre, el padre de Paul decidió cambiárselo. Quería un nombre que sonara más norteamericano. Por eso, Apollos Rivoire se convirtió en Paul Revere.

Los Revere vivían en una pequeña casa cerca del puerto, en la calle Fish. Boston tenía apenas unos trece mil habitantes cuando Paul era niño. Ninguna casa quedaba a muchas cuadras del mar.

Paul creció mirando los barcos que llegaban desde Inglaterra con té, muebles y otros artículos para los habitantes de las colonias. Los barcos regresaban a Europa cargados de cosas provenientes

de Norteamérica: madera, arroz, algodón y tabaco. Además de los barcos comerciales, cientos de barcos pequeños salían todos los días para pescar bacalaos, langostas y ostras.

Paul era brillante y estaba lleno de energía. Tenía el cabello oscuro y los ojos marrones como su padre.

Le encantaba nadar, montar a caballo y jugar con sus amigos.

Cuando era pequeño, Paul fue a una escuela donde maestras anticuadas y estrictas enseñaban el abecedario a niños y niñas. Para aprender el abecedario, los estudiantes utilizaban unas paletas

ALFABETO
VOCALES
FONEMAS
PADRE NUESTRO

ABECEDARIO

pequeñas de madera cubiertas por una lámina transparente de cuerno de animal. La lección se ponía debajo de la lámina de cuerno para que no se ensuciara. (Los niños que se equivocaban durante las clases recibían un golpe en la cabeza con un palo).

A los siete años, Paul comenzó a asistir a la Escuela de Escritura del Norte. En Boston, había dos tipos de escuelas públicas. Ambas eran solo para varones. Las escuelas de gramática, donde los niños aprendían latín y leían a los autores clásicos, preparaban a los estudiantes para universidades como Harvard y Yale. Después de terminar sus estudios, comenzaban su carrera como abogados, doctores o pastores. Las escuelas de escritura, donde los niños aprendían a leer, a escribir y a hacer cálculos simples, eran establecimientos para niños de clase media como Paul, que luego se convertirían en artesanos. Allí aprendían matemáticas y buena caligrafía.

El maestro más importante de Paul fue su padre. Él le enseñó a Paul el oficio de orfebre. Es probable

que el taller estuviera ubicado en un pequeño edificio separado, al lado de su casa. Como aprendiz, o principiante, Paul trabajaba junto a su padre todos los días. Al principio solo podía hacer trabajos simples. Barría el piso, asegurándose de haber recogido todo el polvo de plata para que pudiera ser reutilizado, y agregaba carbón en el horno que derretía la plata. Aprender a trabajar la plata era difícil porque se rompe con facilidad. Tomaba muchos años convertirse en un orfebre experto.

El trabajo también era peligroso. Los hornos derretían bloques de plata a temperaturas que alcanzaban los dos mil grados Fahrenheit. La plata derretida se vertía sobre moldes y se la dejaba endurecer. Si un aprendiz no era cuidadoso, podía sufrir quemaduras graves.

Una pieza de plata lisa y fina se colocaba sobre un bloque de metal llamado yunque y se martillaba sobre ella hasta formar cosas sencillas como cucharas y cuchillos. Paul aprendió pronto a alisar a martillazos las abolladuras en platos y recipientes. También aprendió a hacer dedales de plata y a arreglar las bisagras de las jarras. Las jarras eran vasijas grandes que venían con una tapa unida con una bisagra. El entrenamiento de Paul como orfebre puede haber durado alrededor de siete años.

TALLER DE ORFEBRERÍA

A. LA PLATA, GENERALMENTE OBTENIDA DE LAS MONEDAS, SE DERRITE EN UN HORNO CALIENTE ALIMENTADO POR CARBÓN Y AVIVADO CON FUELLES.

B. LA PLATA DERRETIDA SE VIERTE EN MOLDES LLAMADOS CRISOLES.

C. CUANDO SE ENFRÍA, SE FORMAN LINGOTES.

D. LOS LINGOTES SON GOLPEADOS CON FUERZA HASTA APLASTARLOS Y

E. LUEGO SE MARTILLAN SOBRE UN YUNQUE PARA HACER PLATOS, RECIPIENTES, COPAS Y OTROS OBJETOS DE PLATA.

F. AL FINAL, LAS PIEZAS SE GRABAN O DECORAN DE DIVERSAS MANERAS.

Las piezas de plata hechas por la familia Revere eran simples pero elegantes. A veces una bandeja o un tazón de fantasía podían ser decorados con conchas de plata o racimos de uvas. En ocasiones se les hacían grabados. Esto significa que un diseño se graba sobre la superficie de la plata. Paul llegó a ser un experto en utilizar una herramienta de grabado puntiaguda llamada buril. El último paso era tomar un paño y pulir la pieza de metal hasta que brillara como un espejo.

Cuando Paul tenía apenas diecinueve años, su padre falleció. A partir de ese momento Paul tuvo que administrar el taller de orfebrería con la ayuda de Tom, su hermano menor. (Su hermano John decidió ser sastre). Sin embargo, después de aproximadamente un año, Paul hizo un cambio importante en su vida. Quería irse de Boston. Tal vez se había cansado del negocio de la plata. Tal vez quería tener una aventura.

Paul dejó a su hermano a cargo del taller y partió para convertirse en soldado.

Capítulo 2
Soldado de las colonias

Las trece colonias que pertenecían a Inglaterra se extendían a lo largo de la costa atlántica hacia el sur, hasta el estado de Georgia. A mediados del siglo

XVIII, había dos millones de colonos viviendo en un territorio que superaba las 322,000 millas cuadradas.

REY JORGE III DE INGLATERRA

Sin embargo, el rey de Inglaterra quería ocupar más territorio. Le interesaba parte del territorio que actualmente comprende Canadá. También quería tener tierras en el valle del río Ohio y cerca de la desembocadura del río Mississippi. El problema era que el rey de Francia ya tenía poblados en esas áreas. Y no tenía intenciones de cederlas.

Por ese motivo, Inglaterra y Francia fueron a la guerra. Esta guerra se conoce como la Guerra Franco-India porque muchas tribus de indígenas norteamericanos estuvieron a favor de Francia. La guerra duró mucho tiempo, de 1754 a 1763.

Aunque Paul era un colono norteamericano, era un ciudadano británico. Debido a esto, cuando se convirtió en soldado, luchó como parte del ejército británico. Los soldados británicos usaban un uniforme con una casaca roja brillante. Por esta razón los llamaban "casacas rojas". Los soldados de las colonias, como Paul, usaban un uniforme con una casaca azul marino.

Paul fue enviado a un fuerte en la orilla del lago George, en el norte del estado de Nueva York. Las tropas francesas estaban cerca. Durante todo el verano, Paul y el resto de las tropas se quedaron adentro del fuerte. Estaban esperando el ataque de su enemigo. Pero los franceses también

CASACA ROJA

estaban esperando. Ellos esperaban que los británicos dispararan el primer tiro. Por fin, en noviembre, Paul regresó a su casa en Boston. (Un tiempo después, la batalla comenzó y los británicos fueron los vencedores).

GEORGE WASHINGTON

George Washington fue otro soldado de las colonias que luchó por Gran Bretaña en la Guerra Franco-India. Él ayudó a construir alrededor de ochenta fuertes. A diferencia de Paul Revere, Washington sí participó en batallas. George Washington aprendió mucho sobre ganar y perder. La Guerra Franco-India fue un campo de entrenamiento para él. Trece años después, el general George Washington llevó a la victoria a las tropas coloniales en la Guerra de Independencia de Estados Unidos.

COMERCIO DE PIELES

PARECERÍA TONTO AFIRMAR QUE LA CAUSA DE UNA GUERRA FUERON LOS CASTORES. PERO ESO ES CIERTO, EN PARTE, EN EL CASO DE LA GUERRA FRANCO-INDIA.

EN EL SIGLO XVIII, LA PIEL DEL CASTOR ERA LA MÁS CARA. TODOS LOS HOMBRES RICOS DE EUROPA QUERÍAN SOMBREROS HECHOS CON PIEL DE CASTOR. HABÍA MUCHOS CASTORES EN LAS TIERRAS CONTROLADAS POR FRANCIA EN NORTEAMÉRICA. LOS FRANCESES SE ENRIQUECÍAN LLEVANDO PIELES DE CASTOR A EUROPA. INGLATERRA QUERÍA TOMAR EL CONTROL DEL COMERCIO DE PIELES Y LA FORMA DE LOGRARLO ERA OCUPAR LAS TIERRAS QUE LOS FRANCESES CONTROLABAN.

EL COMERCIO DE PIELES CONTINUÓ HASTA ALREDEDOR DE 1840. PARA ENTONCES, NO QUEDABAN MUCHOS CASTORES EN NORTEAMÉRICA. LOS HABÍAN CAZADO EN EXCESO Y LOS NUEVOS ASENTAMIENTOS QUE SURGÍAN LOS DESPLAZABAN, JUNTO A OTROS ANIMALES SALVAJES. ADEMÁS, LA MODA CAMBIÓ. DE PRONTO, LOS HOMBRES DEJARON DE USAR SOMBREROS DE PIEL DE CASTOR. EN SU LUGAR, QUERÍAN SOMBREROS DE COPA DE SEDA NEGRA.

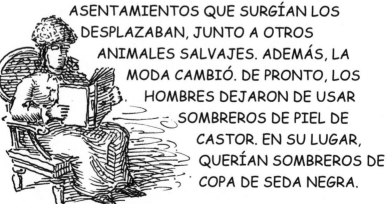

Capítulo 3
Vida familiar

Paul regresó a Boston y a su vida como orfebre. Quería formar su propia familia y no le llevó mucho tiempo encontrar una buena esposa. En agosto de 1757 se casó con Sara Orne. Él la llamaba Sary. No se conoce mucho sobre ella.

La joven pareja vivía en la casa donde Paul había crecido. Su madre todavía vivía allí. De hecho, vivió con su hijo y la familia de él hasta que murió. Sin embargo, le pagaba el alquiler a Paul. (Esa era la costumbre de la época).

La primera hija de Paul y Sary, a la que llamaron Deborah, nació en 1758. Cada dos años, Sary tenía otro hijo. Paul los llamaba sus "corderitos".

En 1773, Sary había dado a luz a ocho niños, pero tres de ellos murieron jóvenes. A finales del siglo XVIII, era frecuente que los bebés y los niños pequeños no vivieran muchos años. No había medicinas para curar la fiebre.

En ocasiones, un brote de una enfermedad mortal llamada viruela se propagaba por Boston. A las personas les salían ampollas horribles en el rostro y en el resto del cuerpo. Si la viruela no mataba a la persona afectada, le dejaba cicatrices de por vida.

En cuanto a Sary, se enfermó y murió poco después del nacimiento de su última bebé. La bebé, Isanna, tampoco vivió mucho tiempo. Fue una época difícil para Paul. Tenía una familia numerosa y su madre estaba envejeciendo. Necesitaba una esposa para cuidar a sus hijos. Paul conoció a Rachel Walker y en menos de un año se casaron. Paul y Rachel fueron muy felices juntos. Ella era inteligente como Paul y también tenía el cabello oscuro. En un poema que escribió para ella, Paul la llama "la bella que más cerca está de mi corazón".

Tuvieron otros ocho hijos. Tres de los niños que Rachel dio a luz también murieron jóvenes. (De los dieciséis hijos de Paul, cinco seguían con vida cuando él murió en 1818).

Paul trabajaba mucho. Hacía todo lo que el cliente quería. Una vez hizo una cadena de plata para la ardilla que un cliente tenía de mascota. En otra ocasión, hizo un silbato de plata para un niño. Hacía cafeteras, teteras, azucareras y jarritos para la leche. En la actualidad, las piezas de plata hechas por Paul Revere se encuentran en los mejores museos de Estados Unidos.

RACHEL WALKER

Por supuesto, Paul no solo hizo objetos elegantes para los ricos de Boston. La década de 1760 fue una época difícil para la ciudad. Las tiendas estaban cerrando. Un banco se fue a la quiebra. No muchas personas podían pagar objetos de plata costosos. Entonces, ¿qué hizo Paul Revere? Paul hizo hebillas, marcos para anteojos e instrumentos quirúrgicos. A partir del hierro hizo llaves, ganchos y cerraduras. Aprendió a hacer grabados de cobre. Con un buril, podía grabar un retrato o representar una escena sobre un plato de cobre. Una vez que se aplicaba tinta sobre el plato, la imagen podía imprimirse sobre papel. ¿Fue Paul Revere un artista? No.

En realidad, no era muy bueno dibujando. Sus grabados eran copias de obras de otros artistas.

¡Paul incluso aprendió a hacer dientes postizos de forma autodidacta! Fue una sabia decisión. En la época colonial, las personas sufrían mucho por los dientes cariados. Un turista sueco dijo que la mayoría de las niñas de la colonia que conoció habían perdido la mitad de sus dientes.

Paul hacía dientes postizos con los colmillos de los hipopótamos. Además, imprimía avisos que decían que los dientes que hacía se veían bien, eran cómodos y "realmente servían para hablar y comer".

Paul era trabajador e inteligente, pero también le gustaba la compañía de sus amigos. Después del trabajo, con frecuencia se dirigía a la taberna más cercana. Esta taberna se llamaba El dragón verde. Un dragón de cobre martillado colgaba de un poste sobre la puerta.

Las tabernas con frecuencia tenían letreros que explicaban su nombre. En El dragón verde, a Paul le gustaba jugar a las cartas y al chaquete. También disfrutaba hablar de política con sus amigos.

TABERNA EL DRAGÓN VERDE

Le gustaba pertenecer a distintos grupos. Por eso se hizo miembro de algunos grupos de hombres. Uno de ellos organizaba encuentros en la taberna El dragón verde. En otro grupo, los hombres se reunían en un lugar que estaba arriba de una imprenta. El grupo se llamaba Long Room Club. Muchos de los hombres que se convirtieron en líderes de la Guerra de Independencia de Estados Unidos pertenecían a este club. Un fabricante de cerveza llamado Sam Adams era uno de sus miembros. También lo era John Hancock, uno de los hombres más ricos de Boston. La mayoría de estos hombres habían asistido a Harvard, pero le dieron la bienvenida a Paul. Admiraban su sentido común y su energía.

En las reuniones del Long Room Club, se expresaba el enojo por los impuestos. Los colonos no podían opinar sobre qué impuestos tenían que pagar. El gobierno en Inglaterra decidía sobre sus impuestos. ¿Eso era justo? No lo era para los miembros del Long Room Club. ¡La situación tenía que cambiar!

LAS TABERNAS

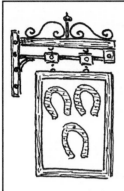

BOSTON TENÍA MUCHAS TABERNAS. EN 1740 HABÍA MÁS DE TREINTA. TENÍAN NOMBRES INTERESANTES COMO EL ARCA DE NOÉ, RACIMO DE UVAS Y TRES HERRADURAS. PARA QUIENES NO PODÍAN LEER, UN CARTEL CON UNA IMAGEN SOBRE LA PUERTA (POR EJEMPLO, UN CARTEL CON TRES HERRADURAS) MOSTRABA EL NOMBRE DE LA TABERNA. MUCHAS TABERNAS DE LAS COLONIAS SE LLAMABAN "CABALLO NEGRO". EL NOMBRE Y EL CARTEL (QUE MOSTRABA UN CABALLO NEGRO) INDICABAN A LOS VIAJEROS QUE LA TABERNA TENÍA HABITACIONES PARA LA NOCHE Y ESTABLOS PARA LOS CABALLOS. EN BOSTON HABÍA UNA TABERNA LLAMADA CABALLO NEGRO, OTRA LLAMADA CABALLO BLANCO Y UNA TERCERA LLAMADA CABALLO ROJO.

EN LA ÉPOCA DE PAUL, LAS TABERNAS NO ERAN SOLO LUGARES DONDE SE PODÍA COMER, BEBER Y CONTAR CHISMES. ERAN TAMBIÉN EL CENTRO DE LA VIDA DEL PUEBLO. TODAVÍA NO EXISTÍAN LAS OFICINAS DE CORREO, POR ESO LOS CARTEROS ENTREGABAN LAS CARTAS EN LAS TABERNAS. LAS PERSONAS QUE VIVÍAN CERCA

PASABAN POR ALLÍ Y REVISABAN SI LES HABÍAN
DEJADO ALGUNA CARTA.

EN LAS TABERNAS SE DABAN CONFERENCIAS.
ADEMÁS FUNCIONABAN COMO BIBLIOTECAS Y LOS
CLIENTES PODÍAN PEDIR PRESTADOS LIBROS Y
PERIÓDICOS.

LO MÁS IMPORTANTE DE TODO ES
QUE LAS TABERNAS FUNCIONABAN COMO
MUNICIPALIDADES. LAS PERSONAS IBAN A LAS
TABERNAS A DISCUTIR LOS ACONTECIMIENTOS
MÁS IMPORTANTES DEL DÍA. LOS LÍDERES
POLÍTICOS SE REUNÍAN EN TABERNAS COMO
EL DRAGÓN VERDE. ESPERABAN CONVENCER A
LOS HABITANTES DE BOSTON DE QUE ERA EL
MOMENTO DE INDEPENDIZARSE
DE INGLATERRA.

Capítulo 4
Impuestos, impuestos y más impuestos

Los británicos ganaron la Guerra Franco-India. El rey Jorge III tenía ahora mucho más territorio en Norteamérica. Sin embargo, la guerra de nueve años había costado muchísimo dinero. Además, ahora el rey tenía que enviar a cientos de soldados británicos a controlar las nuevas tierras. Dar alojamiento y alimentar a un ejército numeroso costaba mucho dinero. Inglaterra estaba endeudada, muy endeudada.

El escenario de la guerra había sido Norteamérica. ¿No deberían entonces los colonos ayudar a financiarla con nuevos impuestos? Por lo menos esto era lo que pensaba el Parlamento. (El *Parlamento* era el gobierno elegido de Inglaterra).

Pero, ¿Paul y los otros miembros del Long Room Club estaban de acuerdo con eso? No, por supuesto

que no. Estaban furiosos. Los habitantes de la colonia no elegían a los miembros del Parlamento, así que no tenían voz ni voto sobre la imposición de nuevos impuestos. Eso no era justo. Todas las colonias tenían su propio gobierno. Pero los gobiernos locales no estaban a cargo de los impuestos.

En 1765 la Ley del Timbre se sancionó en Inglaterra. Los periódicos, contratos, actas de matrimonio, juegos de naipes, así como muchos otros artículos de papel, debían tener un timbre británico. Los colonos tenían que pagar por ese timbre. Esto enfureció a Paul.

Como respuesta, se unió a un grupo secreto cuyo líder era Sam Adams. El grupo se llamaba "Hijos de la Libertad". Paul diseñó una medalla para sus miembros. Los Hijos de la Libertad marcharon por Boston gritando: "¡Libertad! ¡No a los timbres!".

La marcha dio resultado o por lo menos eso parecía. Las noticias llegaron desde Inglaterra: la Ley del Timbre había sido anulada.

En Boston, todos celebraron. Los fuegos artificiales iluminaron el cielo nocturno y se encendieron velas en las ventanas de las casas. Una enorme

farola de papel estaba ubicada en el centro del pueblo. Se cree que fue Paul Revere quien la diseñó.

Sin embargo, resultó que las personas festejaron demasiado pronto. Dos años más tarde, en 1767, se anunciaron nuevos impuestos sobre el vidrio, el papel, la pintura y el té.

Esto enfureció aún más a Paul y a los otros Hijos de la Libertad. Ellos les pidieron a los habitantes de Boston que dejaran de comprar cosas que provenían de Inglaterra. Entonces fueron a hablar con el gobierno local de Massachusetts y convencieron a sus miembros de que enviaran una carta a las otras colonias. La carta afirmaba que Inglaterra estaba actuando mal. Si los colonos cedían y pagaban esos impuestos, seguramente les seguirían más impuestos. Todas las colonias necesitaban unirse y oponerse a Inglaterra.

El rey se puso furioso cuando se enteró de la carta. Pero noventa y dos de los hombres de Boston que firmaron la carta se mantuvieron firmes. En su honor, los Hijos de la Libertad pidieron a Paul que hiciera un gran tazón de plata. En la actualidad, este tazón se encuentra en el Museo de Bellas Artes.

¿Se detuvieron las protestas porque el rey estaba enojado?

No.

Continuaron.

Los recaudadores de impuestos británicos llegaron para cobrar los impuestos. Paul y los otros Hijos de la Libertad decidieron darles una paliza. Esperaron hasta que oscureciera, se pusieron gorros que cubrían su cabeza y se pintaron el rostro de negro. Así, los recaudadores de impuestos no pudieron identificar a sus atacantes.

Después de la pelea, los británicos enviaron a Boston ocho buques de guerra con cañones. Los buques formaron un semicírculo alrededor del puerto. Esta era una advertencia para el pueblo de que debía portarse bien.

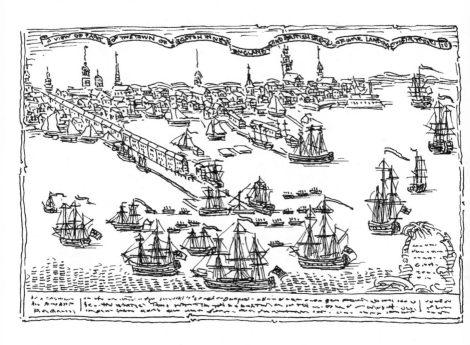

Paul hizo un grabado de cobre de la escena para dar a conocer lo que había pasado. (Una vez más, hizo una copia de una ilustración de otra persona). Cientos de personas de Boston compraron su grabado.

Los soldados británicos se convirtieron en un elemento desagradable de la vida del pueblo. Tenían órdenes de no iniciar peleas con los habitantes de Boston, pero los ánimos estaban caldeados en ambos lados. La lucha iba a estallar. La pregunta era cuándo.

Capítulo 5
Derramamiento de sangre

Durante un año y medio hubo tranquilidad en Boston. Hasta que, en la noche nevada del 5 de marzo de 1770, todo cambió. No se sabe con absoluta certeza qué detonó el enfrentamiento. Según un relato, un soldado británico no pagó el

arreglo de una de sus pelucas. Un joven empleado lo persiguió y comenzaron a pelearse. Rápidamente una multitud de colonos se reunió para defender al joven. Las tropas británicas corrieron en ayuda del soldado. La pelea se volvió más intensa. De pronto, sonaron disparos. Los soldados británicos le disparaban a la multitud. ¡Les disparaban a los colonos! Un momento después, cuatro hombres yacían muertos sobre la nieve. Otro hombre murió cuatro días después.

GRABADO DE PAUL REVERE, BOSTON

Paul Revere hizo un grabado del aconteci-
miento, que se conoció como la Masacre de Boston.
(Una masacre es la matanza de personas inocentes).
¿Estuvo Paul presente? ¿Participó en la pelea? Tal
vez. Su grabado muestra muchos detalles, incluso

el lugar exacto donde estaban parados los soldados y donde cayeron los cuerpos. Es posible que Paul estuviera entre la multitud. De cualquier forma, el grabado estaba hecho en color y se vendieron miles de copias. Las casacas rojas de los soldados y la sangre roja de las víctimas llamaron mucho la atención. Debido a la masacre, muchas más personas coincidían ahora con Paul y los Hijos de la Libertad: era hora de independizarse de Inglaterra.

Inglaterra se dio cuenta de que tenía un enorme problema entre las manos. El Parlamento trató de calmar a los colonos. Los soldados británicos fueron a juicio por los disparos, y los odiosos impuestos se anularon. Todos excepto uno: el impuesto al té. Era un impuesto muy bajo. Pero para ese

entonces, incluso un impuesto bajo sobre algo barato era intolerable para los Hijos de la Libertad.

Tres barcos llegaron desde Inglaterra con baúles llenos de té. Los Hijos de la Libertad organizaron una reunión en la taberna El dragón verde, a la cual

asistió Paul. Todos se pusieron de acuerdo en que nadie compraría té. Y si nadie compraba té, nadie pagaría el impuesto al té.

Idearon un plan secreto. Iban a organizar una reunión de té... pero un tipo diferente de reunión de té.

La noche del 16 de diciembre de 1773, Paul Revere y ciento cincuenta hombres más se subieron sigilosamente a bordo de los tres barcos. Pintaron sus rostros con pintura roja y hollín y se pusieron mantas sobre los hombros. Querían parecer indígenas. Paul Revere incluso usó un nombre indio: Mohawk. Es posible que su hijo adolescente, Paul Jr., también formara parte del grupo.

Abrieron los baúles de té uno por uno y todo el té, diez mil libras, fue arrojado a las aguas del puerto de Boston.

Cuando terminó el Motín del Té, los Hijos de la Libertad marcharon hacia la casa de gobierno. En los muelles, la multitud los animaba y había música. Después, los "indígenas" regresaron a sus casas con su familia. Pero a Paul Revere todavía le quedaba algo por hacer. Había sido elegido para difundir la noticia sobre el Motín del Té. Fue una excelente elección. Paul era fuerte y no necesitaba dormir demasiado. También le gustaba andar a caballo. De hecho, tenía un caballo aunque no lo necesitaba para su taller de orfebrería.

Así, Paul Revere galopó hacia la ciudad de Nueva York y luego galopó hacia Filadelfia. En esos días, una carta de Boston podía tardar hasta nueve días en llegar a Nueva York. Pero Paul se levantaba por la madrugada y cabalgaba todo el día a gran velocidad. Era invierno y los caminos estaban en mal estado. Sin embargo, Paul Revere regresó a Boston solo once días más tarde. Y trajo buenas noticias.

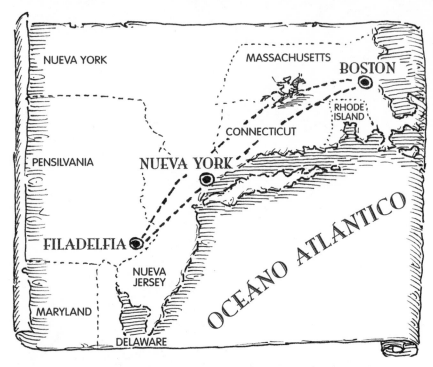

VIAJE DE PAUL A NUEVA YORK Y FILADELFIA

Los Hijos de la Libertad que vivían en Nueva
York y Filadelfia estaban emocionados con el
Motín del Té e intentarían ayudar a los patriotas
de Boston de todas las maneras posibles. Esta fue
la primera de las importantes cabalgatas de Paul
Revere. Se convirtió en un mensajero secreto para
la causa de la libertad de las colonias. Gracias a él,

los habitantes de otras colonias pronto se enteraron de los acontecimientos importantes que ocurrían en Boston. Las noticias que Paul llevaba acercaron a las colonias. Cada vez se unían más y más contra el enemigo común: el rey de Inglaterra.

Capítulo 6
El camino hacia la guerra

¿Castigaron a Boston por el Motín del Té?

Claro que sí.

Los buques de guerra del Rey cerraron el puerto de Boston. Hasta que se pagara por el té, los barcos de carga no podrían entrar ni salir. Se interrumpió la actividad comercial y pronto muchos negocios cerraron. Llegaron más tropas británicas para vigilar las calles y se prohibieron las reuniones locales. Los rebeldes eran enviados a Inglaterra para ser juzgados. ¿Quién dio a conocer todas estas terribles noticias en Nueva York y Filadelfia? Paul Revere, por supuesto.

Era una tarea difícil. En ese momento las personas no podían salir de Boston sin una autorización. Los soldados británicos sabían que Paul era miembro de los Hijos de la Libertad y no le darían ninguna autorización. Por eso, él tuvo que salir del

pueblo a escondidas. La suerte generalmente estaba de su lado y lograba pasar con su caballo frente a los guardias británicos sin que lo notaran. Paul Revere no solo fue un mensajero, también trabajó como espía para los Hijos de la Libertad. Años más tarde, escribió: "Nos reuníamos en la taberna El dragón verde. Teníamos mucho cuidado de que nuestras reuniones se mantuvieran secretas". La tarea de Paul era averiguar qué tramaban las tropas británicas. Escribió: "En invierno, cuando se acerca la primavera, con frecuencia nos turnamos, de dos en dos, para observar a los soldados patrullando las calles por las noches".

Paul también tenía un bote para espiar en la zona del puerto de Boston.

Una vez los soldados británicos lo encontraron remando muy cerca de la isla Castle, la base de las tropas británicas.

Esa vez Paul no tuvo tanta suerte. Los soldados
lo arrestaron y pasó tres días en prisión.

Hasta 1774 cada colonia se había ocupado de sus propios intereses. Pero ahora las colonias hacían lo posible por ayudar a los habitantes de Boston. Llegaba arroz desde Carolina del Sur, harina desde Maryland y dinero desde Pensilvania. Y lo que es más importante, el Primer Congreso Continental —un grupo compuesto por representantes de cada colonia— se reunió en Filadelfia para discutir los problemas que tenían con Inglaterra.

A mediados de abril, los Hijos de la Libertad se preparaban para la batalla. Tenían almacenadas una gran cantidad de armas y pólvora en Concord, un pueblo cercano.

Sam Adams y John Hancock estaban por viajar al Segundo Congreso Continental. Se estaban quedando en la casa de Hancock en Lexington, un pueblo ubicado a pocas millas de Boston. Mientras trabajaba como espía, Paul Revere supo que pronto los iban a arrestar. Hancock y Adams tenían que saber que corrían peligro.

El 18 de abril Paul se enteró de que los británicos estaban planeando algo. Mil soldados británicos salieron de Boston en barco. Cruzaron el río Charles y llegaron a Charlestown. Desde allí continuaron a pie hacia Lexington y Concord. Estaban preparados para la lucha. Había que advertirles a Hancock y a Adams.

Paul Revere y un hombre llamado William Dawes estaban listos para advertir a todos los pobladores. Dawes partió en su caballo.

WILLIAM DAWES

JOHN HANCOCK (1737-1793)

JOHN
HANCOCK

JOHN HANCOCK TENÍA UNA EMPRESA NAVIERA Y ERA UNO DE LOS HOMBRES MÁS RICOS DE LAS TRECE COLONIAS. AMABA LA ROPA FINA, LAS CARROZAS ELEGANTES Y LAS GRANDES MANSIONES. PERO TAMBIÉN USABA SU DINERO PARA APOYAR LA CAUSA DE LA LIBERTAD DE LAS TRECE COLONIAS. JOHN HANCOCK ERA EL PRESIDENTE DEL SEGUNDO CONGRESO CONTINENTAL CUANDO SE ESCRIBIÓ LA DECLARACIÓN DE INDEPENDENCIA. SU FIRMA ERA MUCHO MÁS GRANDE QUE LA DE TODOS LOS OTROS. EN LA ACTUALIDAD, CUANDO EN ESTADOS UNIDOS ALGUIEN TE PIDE QUE LE DES TU "JOHN HANCOCK", TE ESTÁN PIDIENDO QUE FIRMES ALGO.

SAMUEL ADAMS (1722-1803)

SAMUEL ADAMS NACIÓ Y SE CRIÓ EN BOSTON Y FUE UNO DE LOS PADRES FUNDADORES DE NUESTRO PAÍS. SE GRADUÓ EN HARVARD Y LUEGO TRABAJÓ EN LA FÁBRICA DE CERVEZA DE SU FAMILIA. NUNCA TUVO ÉXITO EN LOS NEGOCIOS. LA POLÍTICA ERA SU VERDADERA PASIÓN. CREÍA —MUCHO ANTES DE QUE LA MAYORÍA DE LAS PERSONAS LO CREYERAN— QUE LAS COLONIAS TENÍAN QUE INDEPENDIZARSE DE INGLATERRA Y FORMAR UN PAÍS INDEPENDIENTE. ADAMS FUE MIEMBRO DEL PRIMER CONGRESO CONTINENTAL. (ALGUNOS DE SUS AMIGOS LE COMPRARON ROPA NUEVA Y PAGARON SU VIAJE A FILADELFIA). ÉL TAMBIÉN FUE UNO DE LOS QUE FIRMARON LA DECLARACIÓN DE INDEPENDENCIA.

SAMUEL
ADAMS

Paul tenía que tomar otro camino. De esa manera, si atrapaban y arrestaban a Dawes, Paul todavía podría advertirles a las personas que estaban en Lexington y Concord.

La primera parada de Paul fue en la iglesia Old North, la misma iglesia de Boston en donde había sido campanero cuando era niño. Su alto campanario podía verse desde Charlestown. Unos días antes, había ideado un astuto plan. Si los británicos salían por barco, los colonos colgarían dos farolas en el campanario de la iglesia.

Si hacían todo el camino por tierra, usarían una sola farola. Las personas de Charlestown entonces avisarían a los pueblos más alejados qué camino habían tomado los británicos.

Se habían divisado tropas que partían en barco desde el puerto. De inmediato se colocaron dos farolas en el campanario de la iglesia. En ese momento, Paul corrió hasta su casa, en donde Rachel lo ayudó a ponerse sus botas y lo despidió con un beso. Estaba tan apurado que olvidó las espuelas. Según las historias que Paul más tarde les contó a sus nietos, el perro de la familia escapó corriendo y siguió a Paul hasta la orilla del río. Paul envió al perro de regreso con una nota atada a su collar. En la nota le pedía a Rachel que le enviara sus espuelas. ¡El perro volvió con las espuelas! Colgaban de su cuello.

En la orilla del río, dos amigos esperaban a Paul junto a un bote que Paul había mantenido oculto todo el invierno. Los hombres ayudarían a Paul a remar desde el puerto hasta Charlestown. Un enorme buque de guerra británico estaba cerca.

Era importante no hacer ningún ruido. Paul había pensado en llevar ropa para atarla alrededor de los remos. Pero también se había olvidado de eso. Por eso uno de los hombres corrió hasta la casa de su novia. Ella le ofreció una de sus enaguas, que los hombres rompieron y enrollaron alrededor de los remos.

¡Eso dio resultado! El pequeño bote pasó en silencio frente al buque británico.

En la otra orilla del río, en Charlestown, llevaron a Paul hasta un caballo. Era una yegua fuerte y veloz llamada Brown Beauty (belleza marrón). Paul se subió a la montura de un salto y partió hacia Lexington. Fue la cabalgata más importante de su vida.

Capítulo 7
¡Ay!

Desde Charlestown, Paul galopó a la luz de la luna. No había llegado lejos cuando fue divisado

LEXINGTON

CONCORD

LA CABALGATA DE PAUL REVERE
TERMINÓ EN EL CAMINO ENTRE
LEXINGTON Y CONCORD CUANDO ÉL Y
LOS OTROS JINETES, WILLIAM DAWES Y
SAMUEL PRESCOTT, FUERON CAPTURADOS
POR LOS BRITÁNICOS.
PRESCOTT Y DAWES ESCAPARON.
PRESCOTT TERMINÓ LA CABALGATA PARA
ADVERTIR A LOS PATRIOTAS DE CONCORD
Y DAWES VOLVIÓ A LEXINGTON.

por dos soldados británicos que iban a caballo. Pero Paul, montado sobre Brown Beauty, pasó cabalgando frente a ellos a toda velocidad. Camino a Lexington, hizo varias paradas en casas. Advertía a gritos a las familias sobre la llegada de los

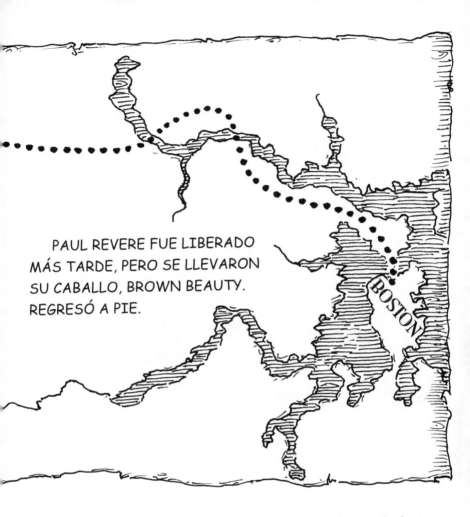

PAUL REVERE FUE LIBERADO MÁS TARDE, PERO SE LLEVARON SU CABALLO, BROWN BEAUTY. REGRESÓ A PIE.

BOSTON

britónicos. Justo antes de la medianoche, cabalgó hasta Lexington y se reunió con Hancock y Adams. Paul les contó la pésima noticia. Mil soldados se dirigían hacia ellos y luego irían a Concord a buscar las armas escondidas.

En este punto, William Dawes se reunió con Paul Revere. Después de un breve descanso y una comida rápida, partieron hacia Concord. Cuando estaban a mitad de camino, a Paul Revere se le acabó la suerte. Lo rodearon alrededor de doce soldados británicos. Uno de ellos le dijo: "Si intenta huir… le volaremos los sesos".

Dawes tuvo más suerte. Escapó, pero no logró llegar hasta Concord. En cuanto a Paul, tuvo que bajarse del caballo. Un soldado británico se llevó a Brown Beauty. Paul nunca más volvió a ver a su caballo.

En lugar de arrestar a Paul, los soldados británicos se marcharon y lo dejaron solo. Probablemente pensaron que ir a luchar a Concord era más importante que ocuparse de un prisionero. Paul caminó hasta Lexington, donde pasó la noche. Ayudó a John Hancock y a Sam Adams a escapar. Pero no logró llegar hasta Concord.

BOSTON
30 km

Entonces, ¿por qué la cabalgata de Paul fue tan importante?

Gracias a Paul Revere, los habitantes de Lexington se prepararon para recibir a las tropas británicas. De hecho, la Guerra de Independencia de Estados Unidos comenzó al día siguiente, el 19 de abril.

Nadie sabe exactamente quién disparó el primer tiro en Lexington Green. Un soldado británico resultó herido y murieron ocho *minutemen*. (*Minutemen* era el nombre de los soldados de las colonias que se preparaban para combatir en cuestión de minutos). Sin embargo, al día siguiente quinientos *minutemen* lograron derrotar a las tropas británicas, que se vieron forzadas a retroceder hacia Boston. ¡Fue una victoria de los colonos!

Paul no participó en estas primeras batallas de la Guerra de Independencia. Una vez que formaron un ejército verdadero, no volvieron a necesitar a Paul de mensajero. Él esperaba convertirse en un oficial importante del Ejército Continental. Esto no sucedió. Combatió con las fuerzas locales en

Massachusetts y participó en una batalla naval en Castine, Maine, que fue una derrota terrible para los colonos. Paul estaba al mando de los soldados de Boston en uno de los barcos. Los británicos tomaron por sorpresa a los barcos en un ataque por la retaguardia. Algunos barcos quedaron destruidos. Durante la batalla, Paul fue separado de

sus tropas. Su barco quedó destruido. Paul y sus hombres tuvieron que regresar a Boston a pie. En ese momento, Paul fue acusado de haber actuado con cobardía, pero muchos años después limpiaron su nombre.

Paul Revere fue muy bueno en muchas cosas. Sin embargo, no destacó como soldado.

Durante la guerra, ayudó de otras maneras. Aprendió a fabricar pólvora y suministró municiones a los colonos. Para ese entonces, las colonias necesitaban imprimir su propia moneda. ¿Quién hizo los grabados para la nueva moneda? Paul Revere.

La guerra terminó en 1781 y nació un nuevo país. Paul Revere era ahora ciudadano de Estados Unidos. Tenía cuarenta y ocho años. Su taller de orfebrería prosperaba. Con el tiempo, dejó que su hijo se hiciera cargo del negocio. ¿Qué hizo Paul el resto de su vida? Si crees que dejó de trabajar… ¡estás muy equivocado!

LAS TETERAS DE REVERE

CON FRECUENCIA, UNA TETERA ERA UNO DE LOS OBJETOS MÁS PRECIADOS DE UNA FAMILIA. LAS MEJORES ESTABAN HECHAS DE PLATA Y COSTABAN MUCHO DINERO. LAS TETERAS HECHAS POR PAUL REVERE TODAVÍA SON APRECIADAS. DE HECHO, ¡UNA DE SUS TETERAS LLEGÓ A ESTAR VALORADA EN 798,500 DÓLARES!

EL TÉ LLEGÓ A EUROPA EN EL SIGLO XVII. LOS BARCOS LLEGABAN DESDE CHINA CON BOLSAS DE HOJAS DE TÉ. EN INGLATERRA, EL TÉ SE HIZO MUY POPULAR EN POCO TIEMPO. LAS PERSONAS LO TOMABAN MAÑANA, TARDE Y NOCHE.

CUANDO LOS COLONOS LLEGARON DE INGLATERRA Y SE ESTABLECIERON EN AMÉRICA DEL NORTE, NO TENÍAN INTENCIONES DE DEJAR DE TOMAR TÉ. POR ESO, EL COMERCIO DEL TÉ SIGUIÓ SIENDO FUERTE. SIN EMBARGO, LOS COLONOS NO PODÍAN ENVIAR BARCOS PARA QUE COMPRARAN TÉ EN CHINA O EN CUALQUIER OTRO DE LOS PAÍSES DONDE SE CULTIVABA. TENÍAN QUE COMPRÁRSELO A LOS COMERCIANTES BRITÁNICOS, QUIENES DECIDÍAN EL PRECIO.

Capítulo 8
Ciudadano de Estados Unidos

Paul siempre había tenido muy buen ojo para los negocios. Cuando terminó la guerra, vio que había muchas oportunidades interesantes para los estadounidenses.

Por ejemplo, antes de la guerra, las herramientas y máquinas de hierro tenían que ser traídas desde Inglaterra. Los colonos no podían fabricarlas. Esto ya no era así.

Paul decidió abrir una fundición, un taller en el que se fabrican objetos a partir de hierro fundido. Pronto produciría martillos, yunques, cocinas y otros objetos. Siempre le habían gustado las campanas de las iglesias y muchas de las que había en Boston eran viejas y estaban rajadas. Por eso Paul aprendió a hacer y reparar campanas por su cuenta. Hizo cientos de campanas, algunas tan grandes como las de la iglesia Old North. A los niños pequeños les gustaba ir a ver su trabajo. Y Paul disfrutaba de su compañía, pero constantemente tenía que advertirles a los niños que se mantuvieran alejados de los martillos y del fuego. "Tengan cuidado, niños", decía. "Si ese martillo llega a golpearlos en la cabeza, harán más ruido que las campanas". Muchas de las campanas que se hicieron en la fundición de Paul Revere todavía resuenan en las iglesias de Boston.

Estados Unidos fabricaba barcos para su nueva Armada. La fundición de Paul fabricó clavos, estacas, timones y tornillos para la Armada. Los barcos se hacían en gran parte con madera, pero el fondo tenía que tener una lámina de cobre. (De no tenerla, la madera se echaría a perder demasiado rápido). Antes de la Guerra de Independencia, todas las láminas de cobre provenían de Inglaterra. Eso había cambiado. Por eso, Paul aprendió todo acerca de la fabricación de las láminas de cobre.

FÁBRICA
DE COBRE

CAPITOLIO DE MASSACHUSETTS

Después gasto casi todo su dinero en la construcción de una fábrica de cobre.

Para ese entonces Paul tenía unos sesenta años, pero aún estaba dispuesto a correr riesgos. Las láminas de cobre de Paul eran tan buenas que no solo se utilizaron en barcos. Las láminas de cobre de la cúpula del capitolio de Massachusetts y de la municipalidad de Nueva York provinieron de la fábrica de Paul. Su compañía, Revere Copper, todavía está funcionando.

MUNICIPALIDAD DE NUEVA YORK

Aunque no eran ricos, Paul y Rachel tenían muy buena posición económica. En 1800, vendieron su casa de la calle North Square y se mudaron a una casa de ladrillos más grande que compraron en Boston. También tenían una casa pequeña en Canton, una población rural cerca de la fábrica de cobre. Paul todavía disfrutaba montar a caballo y salir a cabalgar.

PROPIEDAD DE PAUL REVERE

Después de la muerte de Rachel en 1813, Paul pasó gran parte de su tiempo en Canton con su familia, cada vez más numerosa. Ya era un hombre mayor. Mientras que la mayoría de los hombres

EN CANTON, MASSACHUSETTS

usaban pantalones largos y sombreros de ala, Paul todavía prefería los sombreros de tres picos y los calzones cortos. Se veía como alguien de una época pasada.

Cuando murió, el 10 de mayo de 1818, a la
edad de ochenta y tres años, tenía más de cincuenta
nietos. A ellos siempre les había gustado escuchar
sobre la osada cabalgata de su abuelo. Pero a medida
que pasaban los años, eran menos las personas fuera
de la familia Revere que recordaban esa cabalgata.

Capítulo 9
Por fin, la fama

Cincuenta años después de la muerte de Paul Revere, el taller de orfebrería de la familia Revere todavía estaba funcionando. Pero fuera de la familia, nadie recordaba a Paul Revere. Esto cambió en 1861. ¿Por qué de pronto Paul Revere se hizo famoso?

Fue por un poema.

Henry Wadsworth Longfellow era el poeta más querido de Estados Unidos. Famoso por escribir sobre el pasado de su país, escribió sobre los peregrinos en un poema llamado "La petición de mano de Miles Standish". También escribió sobre los indígenas norteamericanos en "Hiawatha". En 1861, escribió "La cabalgata de Paul Revere" y convirtió a Paul en un héroe popular.

El poema comienza con estas líneas:
"Escuchen hijos míos sobre la
cabalgata nocturna de Paul Revere…".

PAUL REVERE
NACIDO
EN BOSTON,
ENERO DE 1734
FALLECIDO
EN MAYO DE 1818

El poema de Longfellow describe la cabalgata de Paul como una aventura emocionante. Paul apenas pudo escaparse de los soldados británicos. Sin embargo, logró reunirse con Sam Adams y John Hancock y les advirtió que su vida estaba en peligro. Gracias a Paul, se mantuvieron a salvo.

En cuanto a la cabalgata verdadera de Paul Revere, Longfellow se equivocó en varios detalles. Había leído el relato de Paul sobre la cabalgata. Por lo tanto, conocía los hechos. Sin embargo, decidió cambiar algunas cosas. Tal vez una de las razones fue que quería hacer la cabalgata más emocionante para los lectores. Por ejemplo, en el poema, Paul estuvo solo todo el tiempo. Pero esto no fue así. Longfellow también omitió algunas cosas; nunca dijo que a Paul lo detuvieron los soldados británicos.

Longfellow quería representar a Paul Revere como un hombre valiente que hacía su mejor esfuerzo por la causa de la libertad. Su poema era sobre el comienzo de Guerra de Independencia de Estados Unidos y se publicó en una época en que

Estados Unidos estaba a punto de entrar en otra guerra.

CAMINO DE LA LIBERTAD, BOSTON

HENRY WADSWORTH LONGFELLOW
(1807–1882)

HENRY WADSWORTH LONGFELLOW

HENRY WADSWORTH LONGFELLOW NACIÓ EN 1807 EN LO QUE HOY ES EL ESTADO DE MAINE. (EN AQUEL MOMENTO MAINE TODAVÍA FORMABA PARTE DE MASSACHUSETTS). SE MUDÓ A BOSTON Y COMPRÓ UNA CASA A POCA DISTANCIA DE DONDE HABÍA VIVIDO PAUL REVERE.

LONGFELLOW ENSEÑÓ INGLÉS EN LA UNIVERSIDAD DE HARVARD DURANTE MUCHOS AÑOS. PERO EN 1854, DEJÓ LA ENSEÑANZA PARA DEDICARSE POR COMPLETO A LA ESCRITURA. PRONTO SE TRANSFORMÓ EN EL POETA MÁS FAMOSO DE ESTADOS UNIDOS. ES PROBABLE QUE TAMBIÉN FUERA LA PERSONA MÁS RICA. EN 1874 LE LLEGARON A PAGAR TRES MIL DÓLARES POR UN POEMA. EN AQUEL MOMENTO ESO ERA UNA PEQUEÑA FORTUNA.

LONGFELLOW ESTABA MUY INTERESADO EN LA POLÍTICA DE SU ÉPOCA. COMO MUCHAS DE LAS PERSONAS QUE VIVÍAN EN LOS ESTADOS DEL NORTE, CREÍA QUE LA ESCLAVITUD ESTABA MAL Y QUE SE DEBÍA ABOLIR, ES DECIR, TERMINAR CON ELLA. LONGFELLOW ESCRIBIÓ UN LIBRO DE POEMAS SOBRE LOS MALES DE LA ESCLAVITUD. TAMBIÉN DIO DINERO PARA AYUDAR A ESCLAVOS A ESCAPAR HACIA LA LIBERTAD, HACIA LOS ESTADOS DEL NORTE.

EN 1861 "LA CABALGATA DE PAUL REVERE" SE PUBLICÓ EN UNA REVISTA POPULAR LLAMADA *THE ATLANTIC MONTHLY*. ¡SE VENDIERON VEINTICINCO MIL COPIAS CASI DE INMEDIATO!

En abril del 1861, estalló la Guerra Civil entre los estados del Norte y el Sur. Fue una guerra para eliminar la esclavitud, que todavía era legal en el Sur.

En "La cabalgata de Paul Revere", Longfellow trataba de hacer una observación sobre la Guerra Civil. Afirmaba que el Norte tenía que luchar para poner fin a la esclavitud. Era una guerra para defender la libertad, como lo había sido la Guerra de Independencia de Estados Unidos.

"La cabalgata de Paul Revere" se volvió tan popular que durante décadas todos los niños lo leían en las escuelas. Algunos niños aprendieron de memoria todos los versos del poema. En la actualidad, muchos críticos no lo consideran un buen poema. Sin embargo, tocó los corazones de muchos lectores estadounidenses de esa época. Paul Revere se convirtió en un patriota famoso. Se compuso música sobre la cabalgata nocturna y artistas famosos pintaron cuadros de Paul sobre su caballo. También se escribieron libros sobre él. En su honor, se le puso su nombre a pueblos, no solo en Nueva

Inglaterra, sino también en Pensilvania, Minnesota y Missouri.

Su casa de tres pisos sigue en pie. Se le conoce como la Casa de Paul Revere. Muchos grupos de estudiantes y turistas la visitan todos los años.

En el barrio North End de la ciudad de Boston, la Casa de Paul Revere es la única construcción de la época colonial que se ha preservado. Cerca de allí se levanta una gran estatua de bronce de Paul Revere.

Está montado a caballo y cabalga a medio galope. Sus faldones se agitan en el viento. Lleva noticias importantes: noticias que cambiarán la historia de Norteamérica.

LÍNEA CRONOLÓGICA DE LA VIDA DE PAUL REVERE

1734 —Paul Revere nace en Boston.

1741 —Paul comienza a estudiar en la Escuela de Escritura del Norte.

1754 —Después de la muerte de su padre, Paul se hace cargo del taller de orfebrería.

1755 —Paul va a combatir en la Guerra Franco-India.

1757 —Paul se casa con Sara (Sary) Orne.

1758 —Nace la primera hija de los Revere, Deborah.

1765 —El Parlamento británico aprueba la Ley del Timbre.

1770 —Ocurre la Masacre de Boston el 5 de marzo.

1773 —Paul participa en el Motín del Té el 16 de diciembre. Paul comienza a actuar de mensajero y espía para los Hijos de la Libertad. Después de la muerte de Sary, Paul se casa con Rachel Walker.

1775 —Paul parte hacia Lexington, Massachusetts, el 18 de abril para advertir sobre la aproximación de las tropas británicas. El 19 de abril, la Batalla de Lexington y Concord marca el comienzo de la Guerra de Independencia de Estados Unidos.

1781 —Paul regresa a la vida privada.

1800 —Paul abre su fábrica de láminas de cobre.

1813 —Muere Rachel, la segunda esposa de Paul.

1818 —Muere Paul.

1861 —Henry Wadsworth Longfellow publica el poema "La cabalgata de Paul Revere".

LÍNEA CRONOLÓGICA DEL MUNDO

Nace George Washington. — **1732**

El explorador danés Vitus Bering descubre Alaska. — **1741**

Jorge III se convierte en rey de Inglaterra. — **1760**

Se reúne el Primer Congreso Continental en Filadelfia. — **1774**

Se firma la Declaración de Independencia el 4 de julio. — **1776**

James Cook descubre Hawái. — **1778**

Gran Bretaña reconoce a Estados Unidos de América — **1783**
como país independiente.

En Filadelfia se redacta un borrador de la Constitución — **1787**
de Estados Unidos.

Comienza la Revolución Francesa; pronto le siguen — **1789**
ejecuciones de aristócratas franceses.

Comienza la construcción de la Casa Blanca. — **1792**

Noah Webster publica el primer diccionario estadounidense. — **1806**

Nace Abraham Lincoln. — **1809**

Comienza la Guerra de 1812 entre Estados Unidos — **1812**
y Gran Bretaña.

Estados Unidos gana la Guerra de 1812. — **1815**

Comienza la Guerra Civil. — **1861**

Colección ¿Qué fue...? / ¿Qué es...?

El Álamo	La isla Ellis
La batalla de Gettysburg	La Marcha de Washington
El Día D	El Motín del Té
La Estatua de la Libertad	Pearl Harbor
La expedición de Lewis y Clark	Pompeya
La Fiebre del Oro	El Primer Día de Acción de Gracias
La Gran Depresión	El Tren Clandestino

Colección ¿Quién fue...? / ¿Quién es...?

Albert Einstein	La Madre Teresa
Alexander Graham Bell	Malala Yousafzai
Amelia Earhart	María Antonieta
Ana Frank	Marie Curie
Benjamín Franklin	Mark Twain
Betsy Ross	Nelson Mandela
Fernando de Magallanes	Paul Revere
Franklin Roosevelt	El rey Tut
Harriet Beecher Stowe	Robert E. Lee
Harriet Tubman	Roberto Clemente
Harry Houdini	Rosa Parks
Los hermanos Wright	Tomás Jefferson
Louis Armstrong	Woodrow Wilson